AF501928

QUELQUES PAGES INTIMES

SUR

M. CHEVREUL

PAR

A. RICHE

PRÊTRE DE SAINT-SULPICE

PARIS

LIBRAIRIE POUSSIELGUE FRÈRES

CH. POUSSIELGUE, Successeur

RUE CASSETTE, 15

—

1889

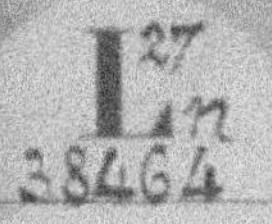

QUELQUES PAGES INTIMES

SUR

M. CHEVREUL

Cet ouvrage a été déposé au ministère de l'intérieur (section de la librairie) en juin 1889.

PARIS. TYP. DE E. PLON, NOURRIT ET Cie, RUE GARANCIÈRE, 8.

QUELQUES PAGES INTIMES

SUR

M. CHEVREUL

PAR

A. RICHE

PRÊTRE DE SAINT-SULPICE

PARIS

LIBRAIRIE POUSSIELGUE FRÈRES

CH. POUSSIELGUE, Successeur

RUE CASSETTE, 15

1889

« C'est aux corps savants qu'il appartiendra de dire quels éminents services M. Chevreul a rendus à la science et à l'industrie dans le cours d'une carrière qu'il a plu à la Providence de prolonger bien au delà du terme ordinaire de la vie.

« Pour moi, qui ai eu l'honneur de le connaître de près, je ne veux retenir de sa vie qu'une chose, c'est que cet homme qui, par ses admirables découvertes, par les inventions si fécondes dont on parlait tout à l'heure, a fait la fortune de tant d'autres, ne s'est jamais préoccupé du soin de faire la sienne propre.

« Il laisse derrière lui, il laisse à la jeunesse française, il nous laisse à tous, avec l'exemple d'un labeur infatigable, une réputation d'intégrité et de désintéressement qui ajoute un dernier trait à cette figure, l'une des plus belles et des plus nobles de notre temps! »

(Mgr Freppel à la Chambre des députés, 11 avril 1889.)

Mgr Freppel a complété son appréciation sur M. Chevreul en ajoutant qu'il n'était pas seulement un savant illustre et un grand citoyen, mais aussi un « chrétien convaincu ».

LETTRE

DE MONSEIGNEUR L'ARCHEVÊQUE DE PARIS
A MADAME HENRI CHEVREUL

ARCHEVÊCHÉ
DE PARIS

Paris, 12 avril 1889.

Madame,

Je conserve un souvenir trop précieux des relations que j'ai eues avec le vénérable M. Chevreul, à l'occasion de son centenaire, en 1886, pour ne pas vous exprimer toute la part que je prends à votre double deuil.

J'ai sous les yeux la lettre que M. Henri Chevreul voulut bien m'écrire, le 8 septembre 1886, au nom de son père; je ne puis la relire aujourd'hui sans émotion. Le bon et savant vieillard avait compris la respec-

tueuse affection que son Archevêque lui portait. Il voulait vivre et mourir en catholique, m'écrivait M. Henri Chevreul. Aussi je n'ai cessé depuis cette époque, Madame, d'unir mes prières aux vôtres, à celles de toute votre famille, pour le vénérable M. Chevreul. Les devoirs du chrétien loyalement remplis par lui, dans la plénitude de ses facultés, et de nouveau pieusement accomplis, au moment de quitter la vie, vous laissent, Madame, et nous laissent à tous la seule vraie consolation. C'est auprès de Dieu que le père et le fils se seront réunis, après une séparation de quelques jours.

Aucun regret ne viendra attrister, pour une famille chrétienne, l'hommage que la France rend au savant dont elle s'honore, en lui célébrant des obsèques nationales. Je me propose d'aller demain bénir le cercueil de M. Chevreul, à Notre-Dame, en donnant l'absoute après la messe.

Je continuerai à porter devant Dieu le

souvenir de vos chers défunts, et je vous bénis avec votre chère famille en deuil, en vous priant d'agréer l'assurance de mon respectueux et religieux dévouement.

Signé : † FRANÇOIS,
Archevêque de Paris.

PRÉFACE

« La justice et la vérité, a dit Pascal, sont deux pointes si subtiles que nos instruments sont trop émoussés pour y toucher exactement. S'ils y arrivent, ils en écachent la pointe, et appuient tout autour, plus sur le faux que sur le vrai.

« Non, ajoutait-il, ce n'est point ici-bas le pays de la vérité; elle est inconnue parmi les hommes. »

Et quelle est donc la cause qui nous empêche de voir la vérité? Ce sont les passions.

« La passion fait sentir, mais ne fait jamais voir », dit Montesquieu.

Et, cependant, nous sommes faits pour la vérité, nous avons faim et soif de la vérité ; et c'est la vérité qui est l'aliment de notre âme.

Pour combattre les passions, qui sont les ennemis de la vérité, le Christianisme les mortifie. « Nous portons dans notre corps, dit saint Paul, la mortification de Jésus-Christ [1]. » — Et alors le chrétien peut dire, encore avec l'Apôtre : « Nous ne pouvons rien contre la vérité ; mais, pour la vérité, nous pouvons tout [2]. »

C'est dans cet ordre d'idées que nous

[1] *II Cor.*, IV, 10.
[2] *II Cor.*, XIII, 8.

nous sommes placé pour rédiger *ces quelques pages intimes sur M. Chevreul.*

En face des mensonges et des exagérations qui ont circulé et qui circulent encore sur l'illustre chimiste, nous avons essayé de démêler la pure vérité ; et nous l'avons écrite. Nous avions tous les éléments, et nous étions dans les meilleures conditions pour cela. Puissions-nous en avoir heureusement profité !

Dans l'application que nous avons faite ici de la vérité, nous n'avons eu qu'une seule intention : montrer l'action sympathique et toute-puissante de la grâce de Dieu sur une haute intelligence.

QUELQUES PAGES INTIMES

SUR

M. CHEVREUL

MES PREMIÈRES VISITES

A M. CHEVREUL

1883-1886

I

Dans le courant de juin 1883, justement soucieux des intérêts spirituels de son illustre père, bientôt centenaire, M. Henri Chevreul se rendit à l'archevêché de Paris pour demander si l'on connaîtrait un prêtre auquel on pourrait confier l'entreprise délicate et difficile d'entrer d'abord en rapport avec M. Chevreul, et d'entamer, si cela était possible, la grande question de son retour à Dieu. Retour de loin! car il n'y avait eu, dans sa vie, aucune pratique des sacrements, depuis sa première communion, à l'âge de onze ans.

Ce qui rendait la tâche particulièrement difficile, c'était le caractère personnel de M. Chevreul. Très autoritaire et très indépendant, il ne voulait relever de personne en matière religieuse; sa famille, ses enfants surtout savaient très bien qu'ils ne pouvaient rien sous ce rapport : l'homme de science se tenait en garde contre eux; il était soupçonneux.

On répondit, à l'archevêché, en donnant le conseil de s'adresser au directeur du grand séminaire de Saint-Sulpice; il était en position d'indiquer un prêtre qui conviendrait le mieux au but qu'on se proposait.

Je fus désigné[1]; et c'est en conséquence

[1] La famille Chevreul a toujours professé une grande vénération pour la mémoire de M. Languet de Gergy, ancien

de cette indication que M. Henri Chevreul m'écrivait, pour me demander de se mettre en relation avec moi.

La lettre se terminait par un aveu qui ajoutait encore aux difficultés de l'entreprise : c'est que M. Chevreul était le disciple très engoué de Voltaire. Et puis, indépendamment des préjugés qui lui venaient de là, il avait encore un certain nombre de préventions personnelles avec lesquelles il faudrait compter.

Il n'y avait point à se faire illusion, humainement, la conversion du savant Académicien était absolument impossible. Mais ce qui est impossible à l'homme demeure toujours possible et facile à Dieu. « Soyons fermes dans la foi, dis-je à M. Henri Chevreul, joignons la charité à la

curé de Saint-Sulpice, grand-oncle de madame H. Chevreul, mort en 1750, après une vie remplie de bonnes œuvres ; aussi ne douta-t-elle point que le choix d'un prêtre de la Compagnie à laquelle il avait appartenu, ne fût pour elle un trait de la Providence et comme un gage assuré de la conversion de son illustre chef.

prière, et mettons-nous à l'œuvre avec pleine confiance. Est-ce que nous ne pouvons pas tout, avec la grâce de Celui qui nous fortifie? »

Mais, d'abord, il fallait un introducteur naturel au prêtre qui devrait entrer en rapport avec M. Chevreul.

Par les études scientifiques auxquelles je m'étais livré depuis plusieurs années, et qui m'avaient permis de produire quelque bien religieux dans la classe des savants, je pensais pouvoir aborder un de ses membres, même parmi les illustres, sans trop de crainte. Qui donc me présenterait pour la première fois à M. Chevreul? La chose fut confiée à un pieux prélat qui avait des relations de famille avec l'illustre chimiste, Mgr du Fougerais, directeur général de la Sainte-Enfance.

Au jour convenu, le prélat me présenta au savant, qui nous accueillit très gracieusement. Je lui indiquai brièvement deux questions scientifiques sur lesquelles j'avais l'intention, s'il me le permettait, de lui demander les lumières de sa science et de son expérience; il y consentit volontiers; et, en attendant, de lui-même, il entra dans la discussion d'une question philosophique qui mettait en présence Newton et Leibnitz. Il fit un grand éloge de la méthode expérimentale de Newton, et réfuta la philosophie de Leibnitz, en l'accusant d'aboutir au scepticisme, par son affirmation que les sens peuvent tromper. Bien que je trouvasse exagérée l'accusation portée contre le philosophe de Leipzig, je ne voulus pas la contredire dans une première visite, mais je m'étendis avec sympathie sur la méthode de Newton, et M. Chevreul parut très satisfait de me trouver d'accord avec ses appréciations.

Ce qui me frappa et ce que j'admirai au début de nos relations, ce fut d'abord la prodigieuse mémoire de ce vieillard, qui, dans le développement de ses idées, trouvait si facilement les noms, les dates et les détails qui s'y rapportaient. Cette mémoire vraiment extraordinaire me stupéfiait.

Ce qui me frappa encore, ce fut la netteté des idées du savant et l'expression correcte et facile qu'il savait leur donner, jusque dans les choses les plus abstraites. En joignant à ces avantages une belle tête, une superbe chevelure et une attitude imposante, on avait en M. Chevreul un professeur exceptionnel, un vieillard vraiment majestueux.

Mais surtout ce qui me toucha profondément, dans ma première visite à l'Académicien, ce fut sa bienveillance, ses égards et sa bonté pour moi. Au moment où je le quittai, et lorsque je m'excusais d'être resté si longtemps :

« Vous viendrez me revoir souvent, me dit-il, et ce n'est qu'à cette condition que je vous pardonnerai. »

II

Après ma première visite, il me sembla que je ne serais pas indiscret en revenant au Jardin des Plantes au moins une fois chaque mois. J'y allai avec toute confiance, et je me représentai dans le courant de juillet 1883... il y a six ans déjà!

On m'avait dit que je ferais plaisir au savant chimiste, en lui parlant de son enfance, de son pays, dont il conservait un si cher souvenir! C'était aussi pour moi d'un véritable intérêt; je le mis donc sur ce chapitre dès ma seconde visite.

Alors, j'appris que M. Chevreul était Angevin, qu'il était né à Angers, le 31 août 1786, d'une honorable famille.

Son père était un médecin très estimé,

qui ne mourut lui-même, après avoir fourni une très utile carrière, qu'à l'âge de quatre-vingt-onze ans et demi. En 1793, il avait donné l'hospitalité à des nobles et à des prêtres, pour les soustraire à l'échafaud; mais par suite de ce fait, il fut bientôt en butte à maintes vexations et perquisitions qui lui coûtèrent la perte de ses titres de noblesse.

Lorsque le jeune Chevreul n'avait encore que six ans, il vit les atrocités de la Révolution.

« Un jour, me raconta-t-il, poussé par la curiosité, je sortis de la maison, et je fus témoin de l'exécution de deux jeunes filles de dix-huit à dix-neuf ans, regardées comme suspectes d'avoir caché des prêtres réfractaires. Le bourreau, armé du briquet et coiffé du bonnet phrygien, m'aperçut dans la foule, et me faisant avancer, il dit : Il faut que ce petit b... de patriote s'habitue à voir couler le sang... »

Je ne rapporterai pas ici les différentes étapes de cette vie longue d'un siècle; je ne raconterai pas non plus toutes les découvertes qui l'ont illustrée. Je ne fais pas une biographie. Je dirai seulement que le jeune Chevreul fit sa première communion, en particulier, dans une maison où les prêtres ne pouvaient aller qu'à la dérobée. Il n'y a donc point à s'étonner que quelque chose ait pu manquer alors à son instruction religieuse. Plus tard, *le chimiste ne trouva plus le temps d'y revenir*.

Je ne dois pas le dissimuler : dès mes premières visites à l'Académicien, je me sentis l'ambition de faire le siège de son âme, d'y entrer, de m'en emparer, pour la donner à Jésus-Christ. Il me faudra peut-être des années, me disais-je; mais le cas n'est pas nouveau pour moi. J'ai mis dix ans à faire le siège de l'âme du savant inventeur de l'*Anatomie clastique :* autant de temps que pour le siège de Troie ; mais une âme, sous le regard de Dieu, c'est plus que la ville de Troie. Le docteur Auzoux est mort pieusement dans la pratique des sacrements.

Après cette conversion, je pouvais encore citer à M. Chevreul, dans le monde de la science, l'exemple de M. Le Play, le plus illustre des économistes de ces derniers temps, et celui d'un savant professeur de chimie, M. Cailliot, qui avait voulu se réconcilier avec Dieu plus de deux ans avant sa mort. Pour ceux-là, il m'était permis d'en parler pertinemment : j'avais été l'instrument de la grâce de Dieu dans leur retour à la Religion.

Mais, pendant que je visitais chaque mois M. Chevreul, de 1883 à 1885, je pouvais lui nommer d'autres hommes remarquables du monde savant : MM. Sainte-Claire Deville et Jamin, qui quittaient la terre en bons et grands chrétiens. Quel exemple pour les autres!

Je dois dire, cependant, que le grand chimiste ne me parut jamais très touché de ces exemples. Ah! les savants!

J'avais lu qu'un bon curé de campagne, ayant été guéri par Dupuytren d'une très grave maladie, vint un jour le trouver à l'Hôtel-Dieu et lui présenta un panier des poires de son jardin. L'illustre chirurgien en demeura tellement touché, qu'il fit demander ce digne prêtre, quand il voulut se réconcilier à l'heure de sa mort.

Et moi aussi, j'avais de belles poires dans mon jardin de Crécy! Deux années de suite, j'ai choisi les plus belles, et je les ai apportées à M. Chevreul. Pourquoi, me disais-je, ne compteraient-elles pas dans la balance de la miséricorde de Dieu?

Enfin, il y avait près de trois ans que je me faisais tout à tout avec le doyen des étudiants pour le gagner à Jésus-Christ; et je n'étais point arrivé à mon but! Chaque visite était d'abord consacrée à quelques questions scientifiques ; puis le savant me laissait la parole et je l'entretenais de la Religion. J'étais toujours écouté avec un respectueux silence; mais c'était tout.

Partant de ces questions scientifiques que M. Chevreul voulait bien traiter pour moi, je m'en servais pour l'élever, non seulement jusqu'au Créateur, mais jusqu'au surnaturel, jusqu'au Christ Jésus. Là, on eût dit qu'il était pris d'une sorte de vertige; il ne me suivait plus!

L'illustre Angevin tenait tellement à nos entretiens, qu'il me recevait au lit, quand il était indisposé, et qu'il me demandait d'aller le trouver à son laboratoire des Gobelins, quand il y travaillait. Il faut avouer qu'il n'y mettait pas de respect humain. Plusieurs fois, je l'y ai trouvé avec des savants ou bien avec quelques-uns de ses élèves ou de ses préparateurs, et il me présentait à eux comme un de ses meilleurs amis... Oh! oui, bien vraiment, *un de ses meilleurs amis,* mais cela ne me suffisait pas!

Il y avait du pittoresque dans ces visites que je faisais aux Gobelins. Il faut d'abord monter un escalier obscur et difficile; puis, après avoir traversé une première pièce, on arrive à une grande salle prenant jour par quatre fenêtres sans rideaux et donnant sur les jardins de la Manufacture. Le mobilier était simple : des tréteaux de bois grossiers soutenaient des planches sur lesquelles s'étalaient des fioles, des cornues, des fourneaux, des vases de toutes les façons et de toutes les dimensions; et, avec cela, deux mauvaises chaises de paille. Oui, voilà le mobilier qu'on voulut bien laisser à M. Chevreul, tant qu'il put se rendre aux Gobelins. Mais comment qualifier des hommes qui traitaient ainsi leur grand chimiste, en attendant son apothéose du 31 août 1886, s'il devait y arriver? Quelle comédie!

Nulle part, M. Chevreul ne me paraissait aussi grand qu'à ce laboratoire des Gobelins, et je ne pouvais m'empêcher de le lui dire. Plus on le faisait petit par mesquinerie, plus la science le grandissait dans sa simplicité. « Une grande âme dans une petite maison », disait Lacordaire, « voilà ce que je trouve de plus beau dans le monde. » Je le dirai donc, pour moi, le célèbre chimiste était plus grand au laboratoire des Gobelins qu'il ne l'a été au jour de son centenaire, à l'Hôtel de Ville, à l'Opéra, et même au Muséum.

M. Chevreul habitait, au Jardin des Plantes, le second étage d'un pavillon donnant sur le jardin. L'appartement est agréablement situé; mais l'escalier qui y donne entrée n'est certainement pas celui qui aurait convenu à un vieillard de cent ans. On aurait donc bien fait de prendre, si cela était nécessaire, sur d'autres dépenses de luxe exagéré pour donner au savant un accès plus convenable et plus facile à l'habitation du Muséum.

Depuis plusieurs années, M. Chevreul concentrait surtout ses études sur deux questions chimiques d'un grand intérêt : la combinaison des couleurs et la germination des poussières. La première de ces questions était étudiée au laboratoire des Gobelins; et c'était à l'appartement du Jardin des Plantes que le chimiste étudiait surtout les poussières.

A propos de cette seconde étude, je demandai un jour à M. Chevreul son avis sur le fait suivant :

« Un organe quelconque, un cœur, par exemple, est suspendu dans un globe de verre fermé hermétiquement. Avec le temps, des poussières se détachent de ce cœur, tombent sur le plateau du globe, et l'on remarque des excroissances qui naissent de la poussière, et qui ressemblent à une sorte de végétal. Qu'est-ce donc que ces excroissances ? Sont-ce bien des éléments appartenant au règne végétal ? »

Ce qui m'intéressait, dans cette question, c'était qu'on en avait fait l'application au cœur de sainte Thérèse, dans les conditions exposées. On avait cru pouvoir donner le nom d'épines aux excroissances provenant des poussières du cœur de la Sainte ; que fallait-il en penser ?

Un savant ordinaire n'aurait pas manqué de m'improviser bien vite une réponse formelle. M. Chevreul se recueillit.

« — La question est intéressante et nouvelle pour moi, fit-il ; j'y réfléchirai, j'étudierai, et je vous dirai ce que j'en pense. »

Malheureusement, le vrai savant tomba malade peu de jours après, et je n'ai pas eu sa réponse.

M. Chevreul recevait beaucoup de visiteurs ; mais on ne faisait pas, chez lui, de visites mondaines ; aussi son salon portait le caractère de l'homme qui l'habitait. Au milieu de cette pièce, se trouvait une longue table, littéralement couverte de livres, de revues et de manuscrits.

« — Vous le voyez, me disait-il un jour, tout cela contient les éléments d'un grand ouvrage qui n'aura pas moins de deux volumes in-octavo. Il me faudra du temps!

— Oui, lui répondis-je, mais le temps est dans les mains de Dieu; et c'est à Dieu qu'il faut le demander. »

La vie matérielle de M. Chevreul a toujours été très sobre. Jamais de vin, jamais de poisson; deux repas composés d'un plat de viande, d'un plat de légumes, avec quelque dessert; et c'est tout.

Un jour qu'il était en retard, j'arrivai au moment où il allait se mettre à table, et lorsque moi-même je n'avais pas dîné.

« — Allons, sans cérémonie, me dit-il, dînons ensemble. »

J'acceptai.

En mangeant, M. Chevreul avait des

distractions : tout entier à une démonstration scientifique qui le préoccupait, il prenait du dessert après le potage, et confondait les plats. Pas de vin pour lui; mais il avait fait monter pour moi une bonne bouteille de laquelle je ne bus que pour lui faire plaisir. Je lui fis compliment de son eau, que je trouvai excellente... Affaire d'habitude!

Une circonstance qui ajoutait particulièrement à ma confiance, dans mes relations avec le savant, c'étaient les encouragements qui me venaient de sa famille, et surtout de son fils. Les pièces justificatives en font foi, par les lettres qui s'y trouvent reproduites. Chrétienne comme l'était cette honorable famille, il n'en pouvait être autrement.

III

Jusque bien avant dans sa vie, M. Chevreul avait résisté aux instances qui lui avaient été faites pour avoir sa photographie. Indépendamment de la modestie qui le retenait, il avait vu des essais qui avaient été faits par surprise, et qui étaient réellement très mauvais.

« — Je ne veux donc pas en entendre parler », m'avait-il dit à moi-même, au temps de mes premières relations avec lui.

Plus tard, ses idées se modifièrent sous ce rapport. Le 11 octobre 1885, lorsque j'allai lui faire ma visite ordinaire, je vis entre ses mains deux photographies; c'étaient des épreuves que le photographe venait de lui apporter, et qui avaient été tirées de son consentement.

« — Vous arrivez à propos, me fit-il; tenez, voici mes deux premières photographies; j'ai le plaisir de vous les offrir : choisissez. »

Je lui demandai de me faire l'honneur d'y ajouter son nom, et il le fit aussitôt. Au moment où il me présentait ce précieux souvenir, je m'approchai pour baiser respectueusement la main qui me l'offrait. Mais lui, de son côté, ouvrant ses deux grands bras, m'embrassa très affectueusement. Je sentis ses longs cheveux blancs flotter sur mes joues, sa belle tête reposer sur mon épaule; et nous demeurâmes ainsi pendant quelques instants en silence.

Alors, reprenant sa position, et me regardant avec attendrissement :

« — Tenez, me dit-il sans autre préliminaire, tenez, je vais vous faire ma confession; mais entre nous deux seulement.

— Entre nous deux seulement ; c'est bien convenu ; ces choses-là, d'ailleurs, ne se font pas ordinairement à trois », lui dis-je en souriant.

Alors, je m'approchai plus près encore de mon interlocuteur, et je l'écoutai silencieusement pendant une heure environ.

Que me dit-il?... Ce n'était que pour deux.

Ce que je puis dire, moi, c'est que je sortis de cet entretien confidentiel dans une émotion dont je ne fus peut-être pas assez le maître. A mon tour, je me jetai dans les bras de M. Chevreul, et je pris congé de lui.

Deux mois et demi plus tard, j'étais gravement malade. Je perdis la mémoire, en même temps que la vue : je dus cesser, pendant six semaines, de dire la sainte messe.

Ce fut une grande épreuve! d'autant plus grande que j'avais des raisons de la croire irrémédiable. Je fis à Dieu un sacrifice complet ; Dieu prit pitié de moi cependant ; après six semaines, je pus remonter au saint autel : c'était plus que je ne pouvais espérer, et plus aussi que je n'avais demandé... Merci, mon Dieu, encore une fois, et toujours : Merci !

Ai-je besoin de dire que j'avais très souvent pensé à M. Chevreul, que j'avais prié pour lui, que j'avais souffert pour lui?

Ainsi s'écoulèrent les deux premiers mois de l'année 1886.

RETOUR DE M. CHEVREUL

AUX PRATIQUES RELIGIEUSES

I

Le 20 février, M. Henri Chevreul vint m'apprendre qu'il avait été appelé près de son père, assez sérieusement malade. Je jugerais sans doute sage de ne rien précipiter; mais on me priait de me tenir prêt à répondre au premier appel.

Trois jours plus tard, le 23 février, madame Chevreul venait et me demandait en toute hâte. Seulement, elle ajoutait que ce n'était pas le malade qui me demandait, il n'avait pas conscience du danger qui le menaçait; il fallait donc, en le visitant, les plus grandes précautions.

Je partis aussitôt. A mon arrivée, M. Henri Chevreul me confirma la gravité de l'état de son père, mais aussi toute la difficulté qu'il y aurait pour moi d'aborder la question des sacrements. J'entends encore la dernière parole de madame Chevreul, lorsqu'elle me quitta pour aller à Notre-Dame des Victoires, recommander à la sainte Vierge cette grave affaire :

« — C'est tout ce qu'il y a de plus difficile ! » me dit-elle.

M. Henri Chevreul, de son côté, se retire dans une chambre voisine, pour prier lui aussi. La porte du malade s'entr'ouvre, le domestique m'annonce, la porte se referme sur moi : je suis seul près du vieillard.

Il est assis sur un fauteuil, à demi vêtu. Il me tend la main, m'invite à m'asseoir tout près de lui.

« — On veut me cacher la gravité de ma situation, me dit-il, mais je la sens. »

Il ne se trompait pas. Oui, l'état était grave ; je le reconnus bien vite.

Que faire?

Dissimuler, prendre des détours, tromper le malade sur son état; c'est bien là ce que l'on est obligé de faire trop souvent; c'est là ce que la prudence humaine semblait exiger pour le cas présent... Dois-je le faire? Vais-je le faire?... Non, je ne le ferai pas : je vais être imprudent, jusqu'à la témérité peut-être. Je tremble d'émotion en présence du devoir; mais c'est un devoir; un devoir de conscience, un devoir d'amitié aussi; je parlerai donc, et je ne tromperai pas.

« — Mon vénérable ami, dis-je au vieillard, et moi aussi, j'ai été gravement malade. Dieu m'a guéri pour vous. Vous rappelez-vous ce qui s'est passé entre nous, il y a quatre mois? De vous-même, alors, vous m'avez demandé de faire une confession. Tout n'est pas fini; mais vous avez fait cela, et c'était déjà une grande chose; c'était comme une pierre d'attente sur laquelle il reste à édifier votre complet retour à Dieu. Je le lui ai demandé pour vous. A cette intention, j'ai dit mes six premières messes, quand j'ai pu remonter à l'autel. Oui, six messes ! c'est beaucoup, voyez-vous, devant Dieu ; et il ne faut pas que tant de grâces demeurent inutiles.

« Prions d'abord ensemble. »

Je joignis les mains, et le malade joignit les siennes. Je fis sur moi le signe de la croix, et le malade fit comme moi.

« — Prions ! »

Alors, je commençai lentement et à voix haute l'Oraison dominicale ; et le malade répétait après moi...

« — Que c'est beau ! s'écria-t-il, que c'est grand, ce que vous dites là !... »

Et nous achevâmes ainsi toute la prière. Avant qu'elle fût terminée, M. Chevreul avait laissé tomber sa tête sur ses deux mains, et je voyais, entre les doigts, les larmes qui coulaient.

« — Oui, repris-je, c'est beau, c'est grand : mais c'est bon surtout. Il faut donc aller jusqu'à la conclusion. La confession que vous avez commencée, il y a quatre mois et demi, il faut l'achever aujourd'hui... à genoux, devant Dieu et devant le ministre de ses miséricordes. A genoux! »

M. Chevreul se confessa, et il reçut le sacrement de Pénitence.

Nous continuâmes à prier ensemble.

Quand tout fut terminé entre Dieu, le malade et moi, je dis au savant :

« — Vous ne garderez pas pour vous seul les grâces que vous venez de recevoir; vous allez dire vous-même à vos chers enfants le bonheur de votre retour à Dieu. »

Je fis appeler M. Henri Chevreul. A ma figure, à celle de son père surtout, il devina ce qui venait de se passer; et le père, et le fils, et le père spirituel aussi, se confondirent dans de mutuels embrassements!

Il y a eu là, pour moi, indépendamment des autres grâces de Dieu, toute une révélation de la puissance et de l'efficacité de l'Oraison dominicale. Tous les jours, j'en ressens quelque chose, quand je récite cette prière au sacrifice de la Messe.

Nous lisons dans le saint Évangile que, plusieurs fois, après avoir guéri des malades, Notre-Seigneur leur recommandait de n'en parler à personne, mais de garder pour eux les mystères de sa grâce. Je ne fis rien de semblable pour M. Chevreul, persuadé qu'il saurait faire de lui-même ce qu'il croirait le meilleur.

Ce qui porta surtout, autour de l'illustre chimiste, le bruit de ce qui venait de se passer, ce fut le zèle de plusieurs membres de l'Institut, chrétiens eux-mêmes, et qui, se souciant avant tout du salut de leur collègue, venaient demander chez lui s'il avait vu un prêtre. Ses enfants répondaient alors qu'il m'avait vu, non seulement comme ami, mais comme confesseur, et qu'il était en règle.

Comme j'allais, pendant quelques semaines, presque tous les deux jours visiter mon cher malade, il m'arrivait parfois de rencontrer, près du Muséum, des habitués qui disaient en me voyant passer : « C'est le confesseur de M. Chevreul. »

Le savant revenait de loin par la pratique du sacrement de Pénitence! Il n'avait jamais été matérialiste : les pièces justificatives jointes à cet opuscule en sont la preuve. Il n'avait jamais été athée non plus : c'était un déiste. Or, pour arriver de là au Christianisme et au Catholicisme, il y avait encore à franchir la distance infinie du naturel au surnaturel : cette distance fut tout à coup franchie par une grâce toute particulière de la bonté de Dieu. La figure du Christ s'illumina devant le savant avec un caractère divin : il y reconnut Dieu, et, s'agenouillant devant lui, il l'adora.

Le jour où s'accomplirent ces grandes choses pour M. Chevreul, j'eusse facilement obtenu de lui qu'il renouvelât sa première communion : je ne crus pas devoir le faire aussi brusquement, sans autre préparation, alors qu'il n'y avait aucun danger imminent pour la vie. Le lendemain, le malade était presque revenu à son état ordinaire ; et nous allons voir comment certains accidents cérébraux s'étant bientôt produits, il aurait été pour le moins inopportun de pousser le vieillard à la réception de la sainte Eucharistie.

Trois semaines après sa confession, j'eus la pensée de porter à M. Chevreul, en retour de sa photographie, une très belle image du Christ. Il la reçut avec un grand respect : nous fîmes ensemble une prière à ses pieds, et je profitai de ces bonnes dispositions pour renouveler au converti le sacrement de Pénitence.

Plusieurs fois, dans le courant de mars,

on avait cru constater dans l'intelligence du savant un désordre qui se manifestait surtout par une grande exaltation de paroles et des imaginations sans règle. On me racontait de lui, sous ce rapport, des choses étranges. Mais le fait est qu'en arrivant près de lui, je le trouvais toujours calme. Il se répétait bien quelque peu, mais il raisonnait avec précision, jusque dans les aridités de la science. J'en fis l'expérience, en lui demandant son avis sur un phénomène d'optique que l'on appelle *phosphènes*. Le chimiste m'avoua d'abord qu'il y avait beaucoup de choses, même dans les sciences naturelles, qu'il ne connaissait pas. Il ajouta que des mystères sans fin se rencontrent dans ces études, et qu'il faut savoir se tenir très modeste devant ces inconnues. Après ces aveux, il m'exposa très nettement ce qu'il pensait des phosphènes.

II

Depuis les premiers jours de mars jusqu'au centenaire, on peut dire que M. Chevreul a vécu dans une alternative continuelle d'exaltation et de calme.

L'état général de sa santé laissait beaucoup à désirer, et le malade se sentait lui-même tellement affaibli qu'il restait presque constamment au lit. En six mois, je ne l'ai trouvé que trois ou quatre fois levé.

Et cependant, malgré les défenses les plus formelles des médecins, aux jours même les plus agités, l'Académicien s'obstinait à se rendre à toutes les séances de l'Institut. Il y arriva plusieurs fois dans un état tel qu'on se demandait comment il pourrait rentrer chez lui. Il allait jusqu'à vouloir, chaque fois, prendre la parole. Alors on le laissait, le plus souvent, divaguer sur un sujet quelconque, puis, après l'avoir remercié et félicité, on le calmait peu à peu. Dans son intérieur, il y avait souvent aussi des heures bien difficiles!

C'était une grande pitié de voir cette belle intelligence en lutte avec les désordres de l'imagination. J'en pleurais! Plusieurs fois le savant sentit lui-même ces défaillances en ma présence, et alors il s'en excusait d'une manière touchante.

Dans ces conditions physiques et intellectuelles, il n'était pas possible d'engager M. Chevreul à la pratique du devoir pascal par la communion. Tout ce que je pouvais, c'était de profiter de toutes les intermittences de pleine raison pour l'instruire des vérités de la Religion; je n'y manquai pas.

Il restait encore beaucoup de l'esprit de Voltaire dans cette tête de cent ans. J'allai jusqu'à me servir de cet élément mauvais pour le bien du savant. Je n'oubliais pas « qu'il n'est jamais permis de faire positivement le mal pour arriver au bien », mais je me rappelais aussi cette autre parole de saint Paul, qui veut « qu'on se fasse tout à tous, pour les gagner tous à Jésus-Christ ».

Et d'abord, je me fis un plaisir de donner connaissance à M. Chevreul de certaines citations voltairiennes qu'il ignorait. Par exemple, quand le philosophe de Ferney disait : « Je ne voudrais pas avoir affaire à un prince athée, car s'il avait intérêt à me piler dans un mortier, je serais bien sûr d'y être pilé.

« — Oh ! cela, c'est vrai ! » s'écriait le chimiste.

Et puis c'était aussi Voltaire qui l'avait dit :

> Dieu t'a fait pour l'aimer, et non pour le comprendre :
> Invisible à tes yeux, qu'il règne dans ton cœur.

« — N'est-ce pas, disais-je, comme ces deux vers sont beaux !... »

Et le savant le reconnaissait comme moi.

A propos de Voltaire, je réservais à M. Chevreul une autre surprise. Pour l'y préparer, d'abord je lui fis don d'une lettre autographe de ce personnage. Le vieillard en fut charmé, bien que le sujet de cette lettre fût fort peu intéressant. Mais j'avais quelque chose de mieux.

Il y a quelques années, j'avais reçu, en dépôt, une pièce originale, authentique et d'un grand intérêt historique et religieux : c'était la Confession de foi de Voltaire, faite par lui, en 1769, en présence de témoins, à Ferney, avant de recevoir le saint Viatique. Ce dépôt m'avait été confié par la belle-fille de M. F..., connu dans le bailliage de Gex comme l'homme de confiance de M. de Voltaire dans l'administration de ses biens. Je fus autorisé à prendre une copie exacte de cette pièce manuscrite, et je crus pouvoir en tirer bon profit près de

M. Chevreul. Cette Confession de foi résumant très exactement toute la doctrine catholique, il me parut intéressant d'en faire la base de l'enseignement pratique que je voulais en donner personnellement à un des admirateurs de celui qui l'avait signée. Voltaire catéchiste de M. Chevreul, avec l'interprétation d'un Sulpicien ; c'était piquant !

Avec son intelligence et sa pénétration d'esprit, le savant vit tout de suite ce que je me proposais, en lui offrant la Confession de foi comme thème de l'enseignement religieux que je voulais lui développer ; il l'accepta très gracieusement. En conséquence, dans mes visites suivantes, après avoir, comme à l'ordinaire, consacré à la science la première partie de notre entretien, je faisais le catéchisme, Voltaire à la main.

M. Chevreul ne manqua pas de raconter plusieurs fois, mais toujours sans me nommer, le plaisir que lui causait un prêtre, son ami, en lui parlant de la religion de Voltaire. Hélas! j'étais bien obligé de lui ajouter que tout cela n'avait été de la part du philosophe de Ferney qu'une ignoble palinodie! Alors, M. Chevreul n'en était plus fier. Mais la Confession de foi restait.

Dans une de mes meilleures visites, après avoir développé une vérité dogmatique, je me laissai aller à un mouvement de confiance intime. Je racontai que j'avais eu le bonheur de ramener à la pratique des sacrements mon père, parvenu au terme d'une vie honorable, mais non pratiquante, que je l'avais confessé, et que je lui avais donné la sainte Communion.

« — Laissez-moi vous le dire, ajoutai-je avec émotion, j'ai l'espoir, la confiance, que vous me donnerez la même consolation au jour de votre centenaire... N'est-ce pas, mon cher maître, mon ami vénéré, mon fils en Dieu? »

M. Chevreul inclina la tête en signe d'acquiescement.

Quelques jours plus tard, je trouve le vieillard dans un état des plus douloureux. Il est malade, mais de la tête surtout. Il semble que son cerveau se soit effondré; il n'y a plus de suite dans les idées; et, avec cela, une continuelle exaltation. Le directeur du Muséum, M. Frémy, télégraphie à M. Henri Chevreul l'état de son père; le fils arrive en toute hâte.

Deux médecins visitent plus ordinairement le malade : M. Vulpian et M. Germain Sée, le Juif. Ce dernier, que M. Drumont appelle l'empoisonneur de la jeunesse, à cause de son enseignement matérialiste, est, assure-t-on, un de ceux qui ont empêché le prêtre d'arriver au lit de mort de Victor Hugo. Il vient surtout avec la pensée d'obtenir la voix de M. Chevreul à la prochaine nomination à l'Institut; mais non, il ne l'obtiendra pas. L'Académicien m'a déclaré, à propos de lui, qu'il ne voterait jamais pour un matérialiste.

C'est dans ces conditions que, le 17 mai, l'Académie des sciences et celle des beaux-arts offrent à M. Chevreul, à l'occasion de son prochain centenaire, une très belle réduction en bronze de la statue du *Travail*, de M. Dubois. Les émotions du vieillard, en cette circonstance, ont été plus fortes que sa volonté : il en fut littéralement épuisé. Mais alors, comment donc pourra-t-il supporter celles qu'on lui prépare déjà pour le 31 août?

En attendant, quand on lui parle des vexations que l'on fait actuellement subir au clergé et aux Ordres religieux, il en est indigné; et c'est très ouvertement qu'il exprime tout le sentiment qu'il en éprouve.

A l'occasion des ovations qui viennent de lui être faites, je profite d'une heure de calme pour commenter au savant deux textes de la Sainte Écriture : « *Non nobis, Domine, non nobis, sed nomini tuo da gloriam :* Non, Seigneur, que la gloire ne soit pas pour nous, mais bien pour votre nom. » Et puis : « *In memoria æterna erit justus :* La mémoire du juste sera éternelle. » Je m'attache à démontrer à M. Chevreul la vérité qui ressort de ces paroles divines.

« — Oui, reprit-il, vous me l'avez déjà rappelé : la vérité, c'est Dieu.

« — Ces paroles sont de Bossuet, répliquai-je, et c'est encore lui qui a ajouté : « Aimer Dieu et la vérité, c'est la même « chose. » — « Malheur à la science qui ne « se tourne pas à aimer, elle se trahit elle-« même. »

M. Chevreul est un grand admirateur de Bossuet, ces paroles le ravissent.

Le jour de l'Ascension, je demande au savant la permission de lui faire un petit sermon sur la fête ; je prends pour texte ces paroles de Notre-Seigneur : « *Je vais vous préparer au Ciel une place.* » Il écoute la parole de Dieu en silence et avec un grand respect.

Il échappe à l'Académicien de me dire qu'au temps où nous sommes, il faut, dans le catholicisme, des hommes qui ne soient pas ordinaires; il lui faut des grands hommes, des hommes de génie.

« — La gloire du chrétien, lui répondis-je avec saint Paul, elle est dans le témoignage de sa conscience; et elle consiste à traiter avec le monde dans la simplicité du cœur et la sincérité de Dieu. D'ailleurs, ajoutai-je, pour nous, « servir Dieu, c'est régner : *Servire Deo, regnare est.* »

Dans les premiers jours de juin, on eut l'idée de faire en l'honneur de M. Chevreul une sorte de petite répétition des grandes scènes qui devaient être jouées au centenaire. Les frais en furent faits surtout par M. Sylvain, de la Comédie française; mais

Coquelin y ajouta des charges de sa façon; et l'inconvenance relative dans le choix des sujets put laisser deviner ce que l'on entendrait au grand jour du 31 août. Le vieillard écouta froidement et ne répondit que par quelques mots polis.

Le 24 août, après une absence de plusieurs semaines, on me raconte que M. Chevreul est à peu près resté, pendant tout ce temps, dans l'état où je l'avais laissé. Quant à moi, je le trouve mieux d'ensemble. En présence de tout ce qu'on prépare pour les jours suivants, il est relativement calme. Et cependant, quand on me dit que le baron Larrey s'est écrié, en apprenant tout ce qu'on veut faire : « Ils le tueront ! » je ne pus m'empêcher de penser et de dire comme lui. M. Chevreul était au lit quand nous parlions ainsi.

Au moment de le quitter pour la dernière fois avant le centenaire, je me permis de lui dire la parole que je crus la meilleure pour la circonstance. Cette parole, qu'il reçut avec un respect ému, fut celle-ci : « *Memento, homo, quia pulvis es, et in pulverem reverteris :* Souviens-toi, ô homme, que tu es poussière, et que tu retourneras en poussière. »

A ces mots, je bénis le vieillard; nous nous embrassâmes affectueusement, et je me retirai.

III

Au surlendemain du centenaire, je me rendis au Jardin des Plantes. M. Chevreul était malade, au lit... Oui, mais ce n'était pas M. Michel-Eugène Chevreul, c'était son fils, M. Henri, qui était absolument exténué.

Introduit chez le père, je le trouve, extérieurement, beaucoup mieux que je ne l'avais vu depuis longtemps. Il travaille dans son cabinet, dont tous les meubles et le parquet sont couverts de livres, de revues et de manuscrits.

Après m'avoir embrassé :

« — Écoutez, me dit-il finement, je n'ai pas, comme vous, la sévérité du renoncement, et alors vous ne vous étonnerez pas que j'aie été très sensible aux ovations dont j'ai été l'objet. D'autant plus que je n'avais rien recherché. »

Je m'inclinai silencieusement en lui tendant la main.

« — Et puis, ajouta-t-il, en recevant les éloges de toutes les sociétés savantes du monde, de celle de Berlin en particulier, je suis heureux de penser que je puis aider à la pacification générale des différents peuples. »

Généreuse illusion !

LE 7 AVRIL 1888

Dans les premiers jours d'avril, M. Chevreul se trouvait, comme à son ordinaire, à l'une des séances de l'Institut. Il y prit d'abord la parole d'une manière intéressante; mais bientôt il se laissa entraîner à une sortie dont il n'avait certainement pas conscience : ses amis en furent péniblement impressionnés.

Deux jours après, informé de ce qui s'était passé, j'allai le voir, et il me reçut au lit. M. Henri Chevreul était alors près de son père, et, avant de me laisser seul avec lui, il me donna secrètement de plus amples détails sur ce que je savais déjà de la séance de l'Institut, pour que je pusse agir en conséquence.

Ma visite fut agréable à M. Chevreul. Je le trouvai dans une pleine sérénité. Après quelques paroles sur une question religieuse, il entra brusquement en matière en me disant qu'il pensait à se confesser. Comme il semblait devoir ajourner l'exécution de son projet, je me permis de lui dire que, pour une question de cette importance, on ne devait pas remettre au lendemain ce qui pouvait se faire immédiatement.

« — Eh bien, me dit-il, aujourd'hui même, si vous le voulez. » Et la chose se fit.

« — Ce n'est pas tout, dis-je au vieillard, nous sommes au temps pascal; et, comme tout bon catholique, vous devez faire vos Pâques. » La chose n'était pas facile à réaliser pour M. Chevreul; et je compris le saisissement qu'il éprouva de ma pressante injonction.

Il ne recula pas cependant; il me demanda seulement de quelle manière j'entendais qu'il dût pratiquer le grand acte.

« — Vous ne pourrez venir à l'église, lui répondis-je; vous êtes obligé de garder le lit; mais, puisque vous ne pouvez aller à Dieu, dans son église, Dieu viendra vous trouver chez vous.

« — C'est convenu. »

M. Henri Chevreul attendait avec anxiété le résultat de ma visite. Sa surprise fut grande quand je lui annonçai que son père venait de se confesser, et qu'il était prêt à communier le lendemain. Je le conduisis alors à son père, pour qu'il en reçût lui-même directement l'assurance. Tout étant ainsi réglé, je pris congé de M. Chevreul, après lui avoir présenté un prêtre du clergé de Saint-Sulpice, M. l'abbé Creste, qui m'avait accompagné.

Une seule préoccupation nous restait, à M. Henri Chevreul et à moi, sur la réalisation de ce qui était si heureusement commencé. N'y avait-il pas à craindre, en attendant jusqu'au lendemain, quelque crise, comme celles qui se produisaient ordinairement dans les moments d'agitation? Nous remîmes tout entre les mains de Dieu, avec une pleine confiance.

Le lendemain, la voiture de M. Chevreul nous déposait chez lui, M. Creste et moi, à six heures du matin. Je fus bien soulagé en apprenant qu'il n'y avait eu qu'un peu d'agitation fébrile, quand il vit les préparatifs du petit autel, dont il ne se rendait pas bien compte, et qui devait servir à l'administration de la sainte Eucharistie. Il était redevenu très calme, lorsque je m'approchai de lui.

J'étais en habit de chœur, avec le surplis et l'étole; et il y avait là, près de M. Chevreul, son fils, M. l'abbé Creste et les trois domestiques. Au moment de lui donner la sainte Communion, l'émotion me gagna tellement, que je fus obligé de recourir à mon confrère pour achever la prière.

Après avoir donné la sainte Hostie à

M. Chevreul, je me mis à genoux près de lui, pour faire l'action de grâces. Le vieillard avait les mains jointes sur le bord de son lit ; et quand il me sentit près de lui, il m'attira de telle sorte que mon front reposait sur sa poitrine ; et c'est ainsi que nous restâmes, pendant près de cinq minutes, dans le silence de l'adoration.

Lorsqu'il en sortit, levant les yeux vers le ciel, il s'écria :

« — Oh ! merci, mon Dieu ! merci. »

Il m'adressa ensuite les témoignages de sa reconnaissance, avec une si grande effusion de cœur, que je fus obligé de lui rappeler que c'était à Dieu qu'il devait tout son bonheur.

« — Oui, me dit-il, mais à vous après Dieu. »

Ceux qui entouraient alors M. Chevreul étaient eux-mêmes profondément émus ; et c'était vraiment une scène des plus touchantes.

Je m'éloignai, sous l'impression de ce qui venait de se passer. Dieu seul sait ce qu'il en adviendra finalement, pensais-je; mais ce que je puis dire, c'est qu'il y a là pour M. Chevreul un miracle de sa bonté et de sa miséricorde. Qu'il en soit à jamais béni, pour la gloire de son nom, et pour l'édification de ceux qui ont été les témoins de cette communion au Muséum de Paris!

Lorsque M. Chevreul eut cessé d'aller à l'Institut, il fit presque chaque jour une promenade en voiture; et c'était vers le Champ de Mars, aux grands travaux de l'Exposition et de la tour Eiffel, qu'il aimait surtout à se diriger.

Dans les mois d'août et de septembre, deux fois l'illustre centenaire me fit l'honneur de venir me prendre à la communauté de Saint-Sulpice pour me faire partager avec lui sa promenade ordinaire. En l'état où il se trouvait alors, il ne lui était

4

pas possible d'entretenir une conversation suivie ; il s'en excusait gracieusement.

Dans un moment de plus intime confiance, un jour qu'il avait pris ma main dans la sienne :

« — Cher ami, me dit-il, je ne puis guère vous parler maintenant, mais je puis toujours vous aimer beaucoup, et c'est un plaisir pour moi de vous en renouveler l'assurance. »

Ce disant, il porta ma main à ses lèvres, et il ne la quitta qu'après l'avoir baisée avec un respect affectueux.

On n'oublie pas une si douce parole de la bouche d'un homme comme M. Chevreul.

MORT DE M. CHEVREUL

Le 5 avril 1889, M. Chevreul tomba dans un accablement qui fit craindre pour sa vie. M. l'abbé Riche était lui-même alors gravement malade, et c'est étendu sur une sorte de lit de camp qu'il apprit le danger de la situation. En cet état, il sollicita de la famille Chevreul la consolation de se faire transporter au lit de mort de son très vénérable ami, pour lui donner les derniers sacrements. Tel était aussi le vœu de M. Chevreul : Dieu permit qu'il en fût autrement.

Le lendemain, la crise se renouvela pendant la nuit, plus menaçante. M. l'abbé Lelièvre, aumônier de l'hôpital de la Pitié, vint en toute hâte administrer l'Extrême-Onction au malade, et, quatre jours plus tard, le savant chimiste rendait son âme à Dieu, le 9 avril, dans la cent troisième année de son âge.

On sait d'ailleurs que M. Henri Chevreul, son fils, l'avait précédé de quelques jours seulement dans la tombe. Il était mort près de son père, qui ignorait ce malheur, le 27 mars 1889.

PIÈCES JUSTIFICATIVES

I

LETTRES DE FAMILLE

Lettre de M. Eugène Chevreul.

« Paris, 16 avril 1889.

« CHER MONSIEUR L'ABBÉ RICHE,

« Notre grand-père vous doit son bonheur dans l'éternité, et nous, l'honneur qu'il nous a laissé, celui d'avoir confessé Dieu et d'être mort en chrétien, honneur au-dessus de tous les autres, qui a couronné sa carrière et qui rejaillit avec éclat sur sa tombe.

« Depuis qu'il vous avait connu et tant aimé, depuis qu'il vous avait fait sa confession et que, tout en larmes, il avait communié de votre main, en répétant : « Que « je suis heureux ! » nous vivions confiants et pleins d'espérance. Nous savions que vous n'aviez pas bâti sur le sable.

« Aussi, lorsque arriva l'heure suprême, et qu'en votre nom M. l'abbé Lelièvre se présenta, ce fut avec la sérénité que donne la paix de la conscience et la joie d'un vœu exaucé qu'il fut accueilli.

« A la demande qui lui fut adressée : « Voulez-vous recevoir les derniers sacre- « ments ? » mon grand-père répondit sans hésiter : « — Oui, de tout mon cœur. » Il répondit encore à toutes les autres questions du prêtre avec sa pleine connaissance ; puis, quand ce fut fini : « Que je vous remercie ! » dit-il, et il lui tendit la main et l'embrassa.

« Comment vous remercier, Monsieur l'Abbé ? car à cette première dette de reconnaissance vient s'en joindre une seconde. En quelques pages émues, vous nous le faites connaître davantage, ainsi que vos intéressants rapports avec lui, et vous allez faire vivre après lui ces édifiants souvenirs, laissant ainsi à ses arrière-petits-enfants un bon exemple.

« Toute sa famille, remplie de reconnaissance pour celui qui fut l'ange du Seigneur, vous prie d'agréer, Monsieur l'Abbé, par ma voix, l'expression de son respectueux attachement.

« *Signé :* Eugène Chevreul. »

Lettres de M. Henri Chevreul.

« Paris, 11 avril 1886.

« Mon cher Monsieur l'Abbé,

« Je viens vous annoncer un vrai miracle !

« Non seulement mon père a assisté lundi à la séance de l'Institut, mais il a pris part, mardi, à trois autres séances le même jour ;

ce qui ne l'a pas empêché d'assister encore mercredi à une nouvelle séance. Loin de se trouver fatigué, il grimpe les escaliers comme un jeune homme.

« Mais ce qui est plus étonnant encore, c'est son état moral. Il n'y a plus aucune divagation, plus même de ses rabâchages des derniers temps. Je ne l'ai jamais vu plus intelligent, ni plus clairvoyant, ni mieux raisonnant. La tête est dégagée : le bon sens est complet.

« Il m'a dit : « Dans l'état où je suis, « après les accidents qui me sont survenus « et qui peuvent se reproduire, j'aurais la « pensée de m'en aller avec vous, à Dijon. »

« Je lui ai répondu que nous en serions très heureux, mais qu'il était à craindre qu'il ne regrettât ses séances de l'Institut, et qu'il ne fût pris d'ennui.

« — C'est vrai, mais je ne puis plus vivre « longtemps, et je serai plus heureux avec « vous. Oui, aussi, je regretterai mon labo-

« ratoire, mais ce ne sera pas sans com-
« pensation.

« Mais voici une grande difficulté : j'ai « trouvé ici un prêtre qui me comprend, « qui me plaît, et que j'aime beaucoup. Je « ne le retrouverai pas à Dijon! Comment « ferais-je? »

« Je vous tiens au courant de ces détails pour que vous puissiez agir en conséquence et de votre mieux.

« Enfin, Monsieur l'Abbé, je ne doute pas que vous ne profitiez de ces bonnes dispositions, pour l'instruire des choses de la Religion qu'il connaît si peu!

« *Signé :* CHEVREUL. »

« Paris, le 15 avril 1886.

« MON CHER MONSIEUR L'ABBÉ,

« Je ne puis assez vous exprimer dans quelles bonnes dispositions nous allons laisser mon père en quittant Paris. Non seulement il vous aime de tout son cœur, comme il le dit, mais il le prouve...

« En apprenant la mort d'un de ses neveux : « Ah! » s'est-il écrié, « la pauvre « mère! il ne peut plus y avoir de consola- « tion pour elle que dans la Religion. Et dire « qu'il y a des gens qui voudraient la dé- « truire! »

« Il est indigné des persécutions que l'on fait subir à ses ministres et aux Ordres religieux.

« A ma manière, je lui ai raconté l'histoire de la Religion, depuis la chute de l'homme jusqu'aux grands faits de l'Incarnation et de la Rédemption par Jésus-Christ.

« J'ai insisté sur l'établissement du Christianisme par douze pauvres pêcheurs ignorants, qui porte en soi la preuve de sa divinité. Mon père en a été saisi! Il voulait que je continuasse à lui parler ainsi.

« C'est à vous maintenant à continuer cet enseignement; c'est pour cela, j'en ai la conviction, que Dieu laisse encore mon père sur la terre.

« Que Dieu vous accorde tout ce qu'il faut pour mener à son terme cette grande œuvre, et qu'il vous récompense du bien que vous aurez fait ainsi à la Religion, et à cette âme qui nous est si chère.

« *Signé* : CHEVREUL. »

« Paris, le 15 mai 1886.

« MONSIEUR L'ABBÉ,

« Je suis à Paris depuis trois jours, appelé par un télégramme de M. Frémy.

« Mon père va mieux, mais il est très faible. Il a voulu aller hier à l'Institut; mais j'ai dû l'aider à monter les escaliers; et il était si pâle, si essoufflé, que je craignais qu'il ne mourût dans mes bras. Maintenant, après une assez bonne nuit, il est beaucoup mieux.

« Il parle toujours de vous avec une grande affection. Venez.

« *Signé* : CHEVREUL. »

II

EXTRAITS ET PUBLICATIONS

Extrait d'un rapport de M. Chevreul à l'Institut.

(21 décembre 1871.)

« Quelle différence entre la beauté de l'œuvre humaine et la merveille de l'être vivant! Il peut être fixé au sol, marcher, ramper, nager, voler dans les airs. Ce mouvement est partout dans l'être; la matière s'y renouvelle incessamment. Ce mouvement intérieur, commençant à sa vie et ne finissant qu'à sa mort, présente un spectacle sublime auquel rien n'est comparable dans les œuvres humaines. Il entraîne l'observateur à cette conclusion, que l'être vivant, dépassant tout le savoir humain, n'a pu être imaginé et créé que par une *puissance divine.* »

« M. Chevreul a caractérisé lui-même sa « conclusion, quand il a affirmé qu'il y « avait été entraîné, non malgré lui, non en « obéissant à une imagination fougueuse et « déréglée, mais en se laissant aller à une « contemplation grave, et pourtant pleine « de charme, noble et vraie poésie de la « science, qui l'a porté par la loi de la con- « tinuité des idées bien au delà des limites « où l'observation rigoureuse de la méthode « l'avait entraîné. »

(Cité par le docteur BÉCHET, *Harmonies de l'homœopathie*, p. 130.)

5

La physique moderne. Études historiques et philosophiques, par Ernest NAVILLE, correspondant de l'Institut de France. — (In-8°, Germer Baillière, 1883.)

Dans la troisième étude, qui a pour titre : *La philosophie des fondateurs de la physique ;* au dernier paragraphe intitulé : *Protestations de quelques savants contemporains*, on lit, p. 209 :

« Voici maintenant les déclarations de deux des premiers chimistes de notre époque. Dans l'automne de 1874, M. Chevreul a dit à l'Académie des sciences de Paris : « Je me suis demandé si, à une époque où « plus d'une fois on a dit que la science « moderne mène au *matérialisme*, ce n'é- « tait pas un devoir pour un homme qui a « passé sa vie au milieu de ses livres et « dans un laboratoire de chimie, à la « recherche de la vérité, de protester contre

« une opinion diamétralement opposée à la « sienne.

. . . .

« J'ai la conviction de l'existence d'un « Être divin, créateur d'une double har- « monie : l'harmonie qui régit le monde « inanimé, et que révèle d'abord la science « de la mécanique céleste, et la science des « phénomènes moléculaires, puis l'har- « monie qui régit le monde organisé vivant. « Je n'ai donc jamais été matérialiste, à « aucune époque de ma vie, mon esprit « n'ayant pu concevoir que cette double « harmonie, ainsi que la pensée humaine, « ait été le produit du hasard. »

(M. WURTZ, doyen de la Faculté de médecine de Paris... etc. Certifié conforme et intégralement reproduit.)

FAIBLESSE DE L'INTELLIGENCE HUMAINE.

« En parlant de l'homme relativement à sa faculté de raisonner, je le place bien au-dessus des animaux, redevable qu'il est de sa conscience et de sa perfectibilité à cette faculté. Mais aussi, il la possède à un degré bien inférieur à celle que nous reconnaissons à un Être divin. »

DE LA CRÉDIBILITÉ AUX CHOSES RÉVÉLÉES.

« La crédibilité ne doit pas se restreindre à l'admission des *choses révélées*. Car elle se manifeste dans tous les cas, et ils sont nombreux, où nous recevons des connaissances, sans employer les moyens dont nous pouvons disposer pour en reconnaître l'exactitude, ou en apprécier le degré de probabilité, quand ces connaissances appartenant au domaine de l'histoire, nous arrivent par la tradition orale ou écrite. La crédibilité se manifeste donc lorsque, négligeant de soumettre des propositions générales données par des lois de la nature physique ou par des lois de la nature humaine, nous les recevons telles, sans les soumettre à un examen propre à les contrôler, de sorte que, les admettant comme des principes démontrés, nous en développons les conséquences.

« Je citerai quelques exemples.

« Il existe des gens qualifiés d'esprits forts, de libres penseurs, de philosophes; il en est même qui professent l'athéisme, le matérialisme, et dont la crédibilité est poussée au point d'admettre comme réelles des choses du domaine de la magie noire et de la sorcellerie.

« Il est des gens qui, alliant l'imagination à la crédibilité, sont de véritables mystiques, quoique n'admettant pas une religion révélée pour point de départ. »

Ces deux derniers extraits sont pris dans l'*Introduction à l'histoire des connaissances chimiques*, par M. Chevreul, § III, p. 330, n° 365; et au n° 407, p. 364.

EXTRAIT DE L'*UNIVERS*

On lit dans l'*Univers* du 10 septembre 1886 la lettre suivante :

« Monsieur le Rédacteur,

« Il y a trois ou quatre ans, M. Chevreul, au cours d'une excursion, se trouvait de passage à Dourdan. Dans l'après-midi du jour où il s'y trouvait, le curé de la paroisse, entrant à l'église, aperçoit, disant son chapelet devant l'autel de la sainte Vierge, un vieillard agenouillé. Il s'approche et le salue, sans vouloir le troubler dans ses dévotions.

« Celles-ci achevées, le vieillard s'approche lui-même du prêtre, et fort aimablement : « — Monsieur le curé, dit-il, vous

« êtes peut-être étonné de voir à cette heure « un étranger dans votre église. Je suis « M. Chevreul, j'ai manqué l'heure du « train, et, en attendant le prochain, j'ai « cru ne pouvoir mieux employer mon « temps qu'à venir prier un moment dans « votre église. »

« Et sur une observation du digne curé exprimant le souhait que tous les savants ressemblassent à M. Chevreul, celui-ci reprit finement : « — Oui, ce sont d'excellentes « gens, des gens pleins d'esprit, des savants « remarquables en leur spécialité, que mes « collègues de l'Institut; mais sur tout ce « qui se rapporte à Dieu, quelle ignorance! « Vous pourriez difficilement l'imaginer. »

« Tels sont, Monsieur le Rédacteur, les faits que je tiens de M. le curé de Dourdan lui-même. Les paroles rapportées de M. Chevreul peuvent n'être pas absolument textuelles; à cette distance, il est difficile de garantir le mot à mot; mais ce que je puis affirmer et ce qui ne sera pas démenti, c'est l'exactitude du sentiment qui s'est fait jour dans cet entretien. »

Dans la lettre d'envoi, l'auteur qualifie lui-même son récit : c'est une anecdote. Il faudrait ajouter seulement que le fait, avec les détails qui l'accompagnent, est *absolument imaginaire*, dans les souvenirs réels de M. Chevreul lui-même.

LETTRE DE M. CHEVREUL

DE L'INSTITUT

A M. LE COMTE DE MONTRAVEL

« Paris, 5 septembre 1886.

« MONSIEUR,

« J'ai l'honneur de répondre à la lettre excellente que vous avez bien voulu m'adresser. Vous avez parfaitement deviné mes sentiments. Nous vivons dans un temps et je suis à un âge où l'on se mêle souvent, à mon insu, de me faire parler et écrire.

« Je ne suis qu'un savant; ceux qui me connaissent savent que, né catholique et de parents chrétiens, je vis et je veux mourir en catholique.

« Recevez, Monsieur, mes remerciements, et l'assurance de ma considération la plus distinguée.

« E. CHEVREUL. »

Au nombre des poètes qui ont chanté le centenaire de l'illustre chimiste, il en est un, M. Édouard Frémy, qui n'a pas craint d'exalter en ces termes les sentiments spiritualistes et chrétiens de M. Chevreul :

Tu n'es point de ceux-là dont la raison bornée
Affirme qu'au néant notre âme est condamnée.
O maître, un fol orgueil n'a point flétri ton cœur;
En scrutant les secrets de la grande nature,
Tu n'as pas oublié ce que la créature
Doit à son Créateur !

FIN.

TABLE

www.ingramcontent.com/pod-product-compliance
Ingram Content Group UK Ltd.
Pitfield, Milton Keynes, MK11 3LW, UK
UKHW022049170726
13837UKWH00002B/856